A School Named for Someone Like Me

Una escuela con un nombre como el mío

A School Named for Someone Like Me

Una escuela con un nombre como el mío

by / por

Diana Dávila Martínez

Spanish translation by / Traducción al español por Gabriela Baeza Ventura

PIÑATA
BOOKS

PIÑATA BOOKS
ARTE PÚBLICO PRESS
HOUSTON, TEXAS

COMMUNITY HIGH SCHOOL DIST 94
326 JOLIET STREET
WEST CHICAGO, IL 60185

This volume is made possible through grants from the City of Houston through the Cultural Arts Council of Houston, Harris County.

Piñata Books are full of surprises!

Piñata Books

An imprint of
Arte Público Press
University of Houston
452 Cullen Performance Hall
Houston, Texas 77204-2004

Cover design by Adelaida Mendoza
Illustrations by Anthony Accardo

Dávila Martínez, Diana.
   A school named for someone like me / by Diana Dávila Martínez ; Spanish translation by Gabriela Baeza Ventura = Una escuela con un nombre como el mío.
     p. cm.
   ISBN 1-55885-334-0 (pbk. : alk. paper)
   1. Dávila, Jaime, 1959–1987—Juvenile literature. 2. Mexican American students—Texas—Houston—Biography—Juvenile literature. I. Title: Una escuela con un nombre como el mío.   II. Title.
LC2683.D38 2001
371.829′68′7207641411—dc21
[B]00-069905   CIP

3 4 5 6 7 8 9 0 1 2   10 9 8 7 6 5 4 3 2 1

In loving memory of my dear brother, Jaime Dávila.
To my parents Daniel and Zulema Dávila
and to my sons Diego and Andrés Martínez.

En memoria de mi querido hermano, Jaime Dávila.
Para mis padres Daniel y Zulema Dávila
y para mis hijos Diego y Andrés Martínez.

Have you ever wondered how schools get their names? Some schools are named for famous people or heroes. Some are named for students who graduated from the schools and did important things with their lives.This is the story of how Jaime Dávila Elementary School received its name.

¿Alguna vez te has preguntado cómo obtienen sus nombres las escuelas? A algunas escuelas se les nombra en honor de personas famosas o héroes. A otras en honor de estudiantes que de allí se graduaron e hicieron cosas importantes. Ésta es la historia de cómo Jaime Dávila Elementary School adquirió su nombre.

Jaime Dávila was a real person. He was born on December 2, 1959, in Houston, Texas. Our parents, Daniel and Zulema Dávila, were immigrants from Mexico who came to the United States in 1957. Our father was born in a little town by the name of Ciénega de Flores and our mother in a town named El Álamo, both in Northern Mexico. Jaime was their third child, but the first to be born in the United States. My brother Sergio and I were born in Houston, TX, too. My name is Diana Dávila Martínez. Jaime was my big brother, and this is his story.

Jaime Dávila fue una persona real. Nació el 2 de diciembre de 1959 en Houston, Texas. Nuestros padres Daniel y Zulema Dávila emigraron de México a los Estados Unidos en 1957. Papá nació en un pueblito llamado Ciénega de Flores y Mamá en El Álamo, ambos al norte de México. Jaime fue su tercer hijo pero fue el primero en nacer en los Estados Unidos. Mi hermano Sergio y yo nacimos en Houston también. Yo me llamo Diana Dávila Martínez. Jaime era mi hermano mayor, y ésta es su historia.

3

When Jaime was young, we lived in a small wood-frame rental house in a neighborhood known as Second Ward. As a young boy, Jaime was very smart. He was very good about running errands, especially to the neighborhood store. He always brought everything he was asked and was very reliable with the change. His favorite trips to the store were for our grandmother's afternoon treats—a small bottle of Coke and a bag of Fritos. Jaime was Abuelita Manuelita's pride and joy.

Cuando Jaime era niño, vivíamos en una casita de madera que alquilábamos en un barrio conocido como "Segundo Barrio". Jaime era un niño muy inteligente. Hacía muy bien los mandados, especialmente cuando se trataba de ir a la tienda de la esquina. Siempre compraba todo lo que le encargaban y era muy bueno con el cambio. En especial le gustaba ir por los encargos de nuestra abuelita —una Coca Cola y una bolsa de Fritos. Abuelita Manuelita veía a Jaime como su orgullo y felicidad.

Not everything that Jaime did was good. He often got into trouble for watching too much television or for being a daredevil when he played in the house or explored our neighborhood. Even so, he hated disappointing my parents. When he did something wrong he was always ashamed about his behavior, and he would run and hide. Twice, after being scolded, my parents thought he had run away. The first time they found him asleep in the closet, and the second in between the box and mattress of a bed.

Pero no todo lo que Jaime hacía era bueno. Con frecuencia se metía en problemas por ver demasiada televisión o por ser muy atrevido cuando jugaba en casa o exploraba el barrio. Aún así, odiaba desilusionar a nuestros papás. Cuando hacía algo malo, siempre se avergonzaba por su comportamiento y corría a esconderse. En dos ocasiones después de que lo regañaron, mis papás pensaron que Jaime se había ido de la casa. Lo encontraron horas más tarde, dormido en el ropero una vez, y la otra entre el colchón y el box spring.

Our father, or "Papi" as we called him, worked in an upholstery shop making sofas and chairs. Our mother, "Mami," cared for the children. Both Mami and Papi spoke very little English, so we usually spoke Spanish at home.

Papá o "Papi", como le decíamos, trabajaba en una tapicería haciendo sofás y sillas. Mamá, o "Mami", nos cuidaba. Mami y Papi no hablaban mucho inglés, por eso hablábamos español en casa.

When Jaime was four, he attended a pre-school program called Head Start. At Head Start, Jaime learned how to count, brush his teeth, play games, and shine his shoes. He was so proud to be able to do things on his own. In his classroom, he and his classmates cared for two pet chickens, a horned toad, a lizard, and several gold fish. He went on field trips to places he had never visited, like the airport, the planetarium, and museums. Jaime learned to count so well that one day, he counted to 149. He would have kept on counting, but his teacher smiled and asked him to stop.

Cuando Jaime cumplió cuatro años, asistió a un programa preescolar llamado "Head Start". Allí aprendió a contar, a cepillarse los dientes, a jugar y a lustrar zapatos. Estaba muy orgulloso de hacer cosas por su cuenta. En su salón, los estudiantes cuidaban de dos gallinas, un sapo, una lagartija y varios peces. Jaime participó en varias excursiones a lugares que jamás había visitado, como el aeropuerto, el planetario y los museos. Jaime aprendió a contar tan bien que un día contó hasta 149. Habría seguido contando, pero su maestra le sonrió y le pidió que parara.

When Jaime started elementary school, he would walk to school with our older sister, Maricela. On cold days, they would run to school and laugh because she would hold their brown sack lunches under her coat through a hole in the pocket. That way, her hands and the food would stay warm.

Cuando Jaime empezó a ir a la primaria, caminaba a la escuela con nuestra hermana Maricela. Los días que hacía frío, corrían a la escuela y se reían porque ella cargaba las bolsas con el almuerzo debajo del abrigo y las sostenía por un hoyo en el bolsillo. De esta manera, sus manos y la comida se mantenían calientitos.

Every summer, our family would drive to Monterrey, Nuevo León in Mexico. Jaime loved the time we spent in the small home our parents had built when they married. He learned a great deal about Mexico and enjoyed visiting many beautiful sites. Every evening, Jaime looked forward to the gathering of all the neighborhood children who played all sorts of fun games like hopscotch and tag on the street.

Cada verano nuestra familia manejaba a Monterrey, Nuevo León en México. A Jaime le encantaba estar en la casita que Papi y Mami habían hecho cuando se casaron. Jaime aprendió mucho sobre México y disfrutaba visitando los sitios bellos en esa gran ciudad. Por las tardes, Jaime esperaba con ansiedad encontrarse con los niños del barrio para jugar todo tipo de juego en la calle.

Soon after he started elementary school, Jaime knew that he loved school. But he not only enjoyed studying, he also played baseball in the neighborhood little league. He loved to throw the ball hard and run the dusty bases over and over again. In 1970, Jaime helped his little league team, the Astros, win the championship.

Muy pronto después de iniciar la primaria, Jaime descubrió que le gustaba mucho la escuela. Pero, él no sólo disfrutaba del estudio, sino también de jugar béisbol con la liga de su barrio. Le fascinaba tirar la pelota bien fuerte y correr las bases una y otra vez. En 1970, Jaime ayudó a que su equipo, los Astros, ganaran el campeonato de béisbol.

In junior high, Jaime's grades were so good that he was elected a member of the National Junior Honor Society. It was in junior high that Jaime first began to get involved in other activities. He joined the Speech and Drama Club. He must have known that he would be doing a lot of speaking in front of audiences in his future life. His hard work and love for public speaking led him to win several competitions.

En la secundaria, las calificaciones de Jaime fueron tan buenas que lo seleccionaron como miembro de la Sociedad Nacional de Honor. Aquí fue cuando Jaime empezó a participar en otras actividades. Se hizo miembro del Club de oratoria y drama. Es posible que en ese entonces Jaime sabía que en el futuro tendría que hablar mucho enfrente del público. Su trabajo y pasión por la oratoria le ayudaron a ganar varios concursos.

In 1971, Jaime, and our brothers, Daniel and Sergio, began karate classes at a community center. When they got home after classes, they would always be grunting loud and taking swats and kicks at each other, all over our small house! After a lot of practice, and a lot of noise and chaos in our house, Jaime advanced to green belt and participated in karate tournaments throughout Texas and Louisiana. As usual, he won several trophies. But he was never boastful; these accomplishments just gave him more confidence in himself. Of course, I was proud of him and really looked up to him, my big brother. I admired him and how he gave his best to everything he did—school, the clubs he participated in, and sports. I also thought it was great that even though he was very busy, Jaime not only found time to be an altar boy at our church, but also took his role in our mass every Sunday very seriously.

En 1971, Jaime, y nuestros hermanos, Daniel y Sergio, empezaron a tomar clases de karate en el centro comunitario. ¡Después de las clases, cuando llegaban a casa, practicaban los gritos, golpes y patadas por toda nuestra casita! Con mucha práctica y mucho ruido y mucho caos, Jaime obtuvo el cinto verde y participó en torneos de karate en Texas y Louisiana. Como era su costumbre, ganó varios trofeos. Pero Jaime no era presumido, estos logros sólo le dieron más confianza en sí mismo. Claro que yo estaba muy orgullosa de él —mi hermano mayor— lo admiraba mucho. Admiraba la forma en que él daba lo mejor de sí a todo —la escuela, los clubes en los que participaba, y los deportes. También pensaba que era fantástico que aunque estaba bien ocupado, Jaime no sólo encontraba tiempo para ser monaguillo, sino que también tomaba su rol en la misa de cada domingo muy en serio.

21

When Jaime was sixteen, he entered Stephen F. Austin High School, where he learned to enjoy reading and he worked on his writing skills. Sometimes, we'd hear him walking around his room practicing new words out loud. This practice helped him increase his vocabulary and improve his writing. Jaime believed it was very important to know how to express yourself in speech and writing. He would tell me, "Diana, anytime you read or hear an unknown word, look it up the dictionary. This will improve your vocabulary."

Cuando Jaime cumplió dieciséis años, empezó a asistir a la preparatoria Stephen F. Austin, donde aprendió a gozar de la lectura y a mejorar su escritura. A veces lo oíamos caminar en su cuarto practicando nuevas palabras en voz alta. Esto le ayudó a aumentar su vocabulario y mejorar su escritura. Jaime creía que era importante aprender a expresarse oralmente y en la escritura. Me decía, "Diana, cada vez que escuches o leas una palabra que no conozcas, búscala en el diccionario. Eso va a mejorar tu vocabulario".

In high school, Jaime was chosen for the National Honor Society. He was also a member of the mathematics club known as Mu Alpha Theta. These are Greek letters that spell out "math." By this time, all his classmates considered him to be a leader. In the twelfth grade, they elected him student council president and senior class lawyer. The truth is that from a very early age, Jaime was much more mature than other kids. Perhaps, some of it had to do with wanting to follow his older brother Daniel's footsteps. By the tenth grade, Jaime was sitting in on Daniel's college classes at the University of Houston. In the eleventh and twelfth grades, Jaime enjoyed going to Daniel's law school classes.

En la preparatoria, Jaime volvió a participar en la Sociedad Nacional de Honor. También formó parte del club de matemáticas conocido como Mu Alpha Theta. Estas son letras griegas que deletrean matemáticas. Para entonces, todos sus compañeros lo consideraban un líder. En su último año de preparatoria lo eligieron como presidente del concilio estudiantil y abogado de curso. La verdad es que desde que Jaime era muy chico, Jaime era más maduro que otros niños. Tal vez esto tenía que ver con que él seguía los pasos de nuestro hermano mayor, Daniel. Cuando Jaime cursaba el décimo año, acompañaba a Daniel a sus clases en la Universidad de Houston. En el undécimo y último año de preparatoria, Jaime disfrutaba de las clases de leyes de Daniel.

Even though Jaime was very busy with his studies and other activities, he always had time for me—time to be a wonderful big brother. He would work with me on my class projects and assignments, especially helping me with my speech and writing skills. He would also take me to the movies, to the park, and to the beach. I remember one time in the Galveston beach we found a huge tractor tire buried in the sand. We tried to dig it out but after hours of digging and pulling, we were not successful, but it was so much fun working on a team with Jaime.

A pesar de que Jaime estaba muy ocupado con sus estudios y otras actividades, él siempre tenía tiempo para mí —tiempo para ser un hermano maravilloso. Él me ayudaba con los proyectos de clase y las tareas, especialmente con la oratoria y la escritura. También me llevaba al cine, al parque y a la playa. Recuerdo una vez que batallamos mucho para sacar una llanta de tractor que estaba enterrada en la arena. Aún después de haber estado escarbando y jalando por horas y horas, no logramos sacarla, pero me divertí mucho trabajando como equipo con Jaime.

It was in high school that Jaime began to understand the importance of helping others outside our family. He volunteered many hours at the Ripley House Community Center. He also encouraged high school clubs to take part in community projects. Jaime even organized a cleanup of the Washington Cemetery, where the headstones were buried under grass, weeds, and dirt. A picture of Jaime and his friends during the cleanup appeared in the *Houston Chronicle* newspaper the next day.

Durante sus estudios en la preparatoria, Jaime empezó a comprender la importancia de ayudar a otras personas aparte de su familia. Se ofreció como voluntario muchas horas en el centro de la comunidad Ripley House. También alentó a las organizaciones en la preparatoria para que participaran en proyectos en la comunidad. Jaime organizó una limpieza del cementerio Washington, cuyas lápidas estaban ocultas por el césped, la hierba mala y la tierra. Una foto en la que Jaime y sus amigos limpiaban el cementerio apareció en el *Houston Chronicle* el día siguiente.

Jaime continued playing baseball on neighborhood teams and in high school. I'll never forget the year he played in the senior league at the park for the Orioles team. Jaime had grown too tall for the regular team uniforms. A special one had to be ordered for him, but Jaime really stood out in the team picture because the company had made his uniform in the wrong color. You know, Jaime always stood out in whatever he did!

During the summers, Jaime joined a youth work program, known as CETA. He always appreciated the opportunity to have a job, and he especially liked working with younger children in summer camps at the community center in our neighborhood. Boy, it was hard working out in the sun during those steamy July days in Houston. One summer, Jaime decided he wanted to experience real manual labor so he worked at an industrial plant. Everyday he would come home dirty, sweaty, and tired.

Jaime continuó jugando al béisbol en los equipos de la comunidad y en la preparatoria. Nunca me voy a olvidar del año en que jugó con la liga del último año para el equipo de los Orioles. Jaime había crecido demasiado y no le quedaba el uniforme regular. Así es que le tuvieron que hacer uno especial. Jaime sobresalió en la foto del equipo porque su uniforme se hizo con tela de otro color. ¡Jaime siempre sobresalía en todo lo que hacía!

Durante los veranos, Jaime participó con un programa de trabajo para jóvenes conocido como CETA. Él siempre aprovechaba la oportunidad de tener un trabajo y en especial le gustaba trabajar con niños en campamentos de verano en el centro de la comunidad en nuestro barrio. Híjole, era difícil trabajar en el sol en esos días de calor durante el mes de julio en Houston. Un verano, Jaime decidió trabajar en una planta industrial, llegaba a casa sucio, sudado y cansado todos los días.

In 1978, Jaime won first place in an essay contest sponsored by the Houston Chapter of the United Nations Association of the United States. All his learning of vocabulary and practice in writing had paid off. His essay on international affairs had won him a trip to New York City to visit the real United Nations. He got to talk to diplomats and ambassadors there. He also saw many other great sites like the Statue of Liberty and the Empire State Building.

That same year, Jaime graduated from Austin High School with the highest grades in his class. At his graduation, he won the school district's "Award for Outstanding Senior Boy." Because he had excellent grades, participated in extracurricular activities, and worked with his community; Jaime was accepted at Harvard University, the oldest college in the United States. Harvard is located in Cambridge, Massachusetts, and is considered one of the best colleges in the world.

En 1978, Jaime ganó el primer lugar en un concurso de ensayo auspiciado por la Asociación de las Naciones Unidas de los Estados Unidos en Houston. Todo el vocabulario que había aprendido y la práctica en escritura le ayudaron. Su ensayo sobre asuntos internacionales le ganó un viaje a Nueva York para visitar las Naciones Unidas. Hasta habló con diplomáticos y embajadores allí. También visitó la Estatua de la Libertad y el Edificio Empire State, así como otros sitios importantes.

Ese mismo año, Jaime se graduó de la escuela Austin High con las notas más altas de su curso. En su graduación ganó el premio del distrito escolar por ser el estudiante más destacado entre los hombres. Por sus excelentes calificaciones, sus otras actividades y su labor con la comunidad, Harvard, la universidad más antigua de los Estados Unidos, lo aceptó. Harvard está en Cambridge, Massachussets y se considera una de las mejores universidades del mundo.

A Head Start

Law student feels program gave him jump

By ELIZABETH BENNETT
Post Reporter

In 1965, a 5-year-old Houston youngster named Jaime Davila was learning to brush his teeth, shine his shoes and count in Project Head Start, a federal program providing educational and nutritional help for low-income, preschool children.

Seventeen years later — in 1982, Davila graduated cum laude University.

"A lot of

Proclamati

JAIME DAVILA DAY

HEREAS, the citizens of Houston wis scholarship of Jaime Davila at Austin Hi

S, Jamie Davila has shown inspiri the past summers as a CETA ernational Affairs by the Ho ates; and

g Harvard Universi ship to continue e the needed

e first s

Stephen F. Austin Senior High School

Houston, Texas

Hereby Awards The Let

Jaime and our family were very proud that he would be attending Harvard. He was the first student from our neighborhood to receive a scholarship to Harvard. On Friday, May 19, 1978, the community organized a celebration to honor Jaime's accomplishments and to wish him great success at Harvard, which was so far away from our home. He was presented with many awards, including a certificate from the mayor proclaiming that day as "Jaime Dávila Day" in the City of Houston. There was Jaime, just out of high school, and he already had a day named after him! Various television stations and newspapers ran stories on Jaime before he left Houston to go to college. I even got in on some of the interviews to talk about how proud I was about my big brother and how much I would miss him.

Jaime y su familia estaban muy orgullosos de que él asistiera a Harvard. Él fue el primer estudiante de nuestro barrio en recibir una beca para Harvard. El viernes 19 de mayo de 1978, la comunidad organizó una celebración en su honor para desearle éxito en Harvard, estaría tan lejos de casa. Se le otorgaron muchos premios, entre ellos, un certificado del alcalde proclamando ese día como el "Día de Jaime Dávila" en la ciudad de Houston. Allí estaba Jaime, recién graduado, y ¡ya se le había nombrado un día en su honor! Varias estaciones televisivas y periódicos presentaron una nota sobre Jaime antes de que éste se fuera de Houston para ir a la universidad. Hasta yo salí en algunas de las entrevistas para hablar de lo orgullosa que estaba de mi hermano mayor y de cuánto lo iba a extrañar.

When Jaime arrived at Harvard, it took him some time to get used to the new environment. It was cold, and it snowed a lot. He had to learn to eat different types of food. No tortillas and beans, just meat and potatoes and white bread every day! And boiled cabbage! He missed home a lot and would often share with my parents how difficult it was for him academically. He would say that he went from being number one back home to an insignificant student there at Harvard. He talked about how his classmates from private and prep schools were so advanced. He had to study day and night to catch up to them.

Cuando Jaime llegó a Harvard, le costó algún tiempo acostumbrarse a su nuevo ambiente. Hacía frío, y nevaba mucho. Tuvo que aprender a comer comidas de distintos tipos. ¡No había ni tortillas ni frijoles, sólo carne y papas y pan de caja todos los días! ¡Y repollo cocido! Jaime extrañaba estar en casa y con frecuencia les contaba a nuestros papás que, académicamente, era difícil estar en Harvard. Decía que había pasado de ser el número uno en casa a ser un estudiante insignificante. Hablaba de cómo sus compañeros de clase que venían de escuelas privadas y de preparación estaban muy avanzados. Jaime tenía que estudiar día y noche para alcanzarlos.

As time went on, Jaime became an outstanding student again. He also found time for other activities outside the classroom, including rowing for the Harvard Crew Team, which was quite an accomplishment considering that most of his teammates had been rowing since high school. I'll never understand how my tall, bony brother had enough strength to push those oars so hard and so fast for such long distances. Again, just another example of Jaime striving for excellence in everything he did.

Conforme pasó el tiempo, Jaime volvió a sobresalir académicamente. También encontró tiempo para otras actividades fuera del salón de clase, como remar para el equipo Harvard Crew, lo cual fue un gran logro si pensamos en que la mayoría de sus compañeros habían estado remando desde que estaban en la preparatoria. Yo nunca voy a entender cómo es que mi hermano alto y huesudo tuvo suficiente fuerza para empujar los remos tan fuerte y tan rápido por distancias tan largas. Ése es otro ejemplo de cómo Jaime luchaba por sobresalir en todo lo que hacía.

In March, 1981, Jaime invited his roommate, Pangy, to spend spring break in Houston. Jaime was thrilled to be home for my *quinceañera,* which is when a girl's family throws her a big party to celebrate her becoming a young lady at age fifteen. Jaime was so proud to show his roommate where he was from and how he lived. Pangy had never been to a barrio, or a Hispanic neighborhood like ours. He had never attended a fifteen-year-old birthday party with a Catholic mass, a reception, and a dance with all of my *quinceañera* party dressed up in formal gowns and tuxedos. And he had never eaten delicious homemade tacos with rice and beans, made by the best cook in the world: my mother. That was truly a wonderful spring break for Jaime.

En marzo de 1981, Jaime invitó a Pangy, su compañero de cuarto, a pasar el descanso de primavera en Houston. Jaime estaba feliz de estar en casa para mi quinceañera, —la gran fiesta que hace la familia de una joven hispana para celebrar su paso a la madurez al cumplir quince años. Jaime estaba tan orgulloso de enseñarle a Pangy de dónde era y cómo vivía. Pangy nunca había estado en un barrio, o en una comunidad hispana como la nuestra. Jamás había estado en una fiesta de quince años con misa católica, recepción y baile, con la corte de damas y chambelanes con vestidos de gala y esmóquines. Y nunca había comido tacos con arroz y frijoles preparados por la mejor cocinera del mundo: Mami. ¡Ese descanso de primavera fue verdaderamente maravilloso para Jaime!

In June, 1982, Jaime graduated with honors from Harvard. Our whole family went all the way from Houston to Cambridge to attend the graduation. It was a fabulous celebration. And afterward, Jaime took us around Boston and showed us all the sites that are important in the history of our country. The Dávila family could not have been any prouder of Jaime's success and how much he had learned.

En junio de 1982, Jaime se graduó de Harvard con honores. Toda la familia viajó desde Houston a Cambridge para asistir a la graduación. Fue una celebración fabulosa. Después, Jaime nos paseó por Boston y nos enseñó todos los sitios de importancia histórica para nuestro país. La familia Dávila no podía estar más orgullosa del éxito de Jaime y de cuánto había aprendido.

Jaime returned to Texas and worked for State Representative Román Martínez to learn about politics and government. He learned to do research for new laws and follow them through the committees of the Texas State Legislature. Jaime also became very involved in the Hispanic community. He worked with Representative Martínez on many people's problems. They both wanted others to get the education and the opportunities they had enjoyed. Jaime wanted to see more children from the barrio go to college.

This experience made Jaime's own political ambition grow with each day that passed. He believed that through politics he could help more people. He could fight against poverty and discrimination. But he thought that he would be a stronger and better politician if he obtained more education. So Jaime went to the University of Texas Law School. After three years of hard work and determination, Jaime graduated as a lawyer.

Jaime regresó a Texas y trabajó para el Representante Estatal Román Martínez para aprender sobre la política y el gobierno. Aprendió a hacer investigación para las leyes nuevas y las siguió de comité en comité de la Legislatura del estado de Texas. Jaime también se involucró mucho con la comunidad hispana. Trabajó con el Representante Martínez en muchos de los problemas de la gente. Ambos querían que otros tuvieran la educación y las oportunidades que ellos habían disfrutado. Jaime quería ver que más niños de su barrio fueran a la universidad.

Esta experiencia hizo que las ambiciones políticas de Jaime aumentaran más cada día. Creía que por medio de la política él podría ayudar a más personas. Él podía luchar en contra de la pobreza y la discriminación. Pero pensaba que sería un político más poderoso y mejor si recibía más educación. Por lo tanto, Jaime fue a la escuela de derecho en la Universidad de Texas. Después de tres años de trabajo duro y determinación, Jaime se graduó como abogado.

He came back to Houston and got a job with a law firm. As a lawyer now, Jaime knew he could help others— people who were in danger of losing their homes, people who were in car accidents or who were being sued. He could now affect many people's lives directly. His work would be especially important to the Mexican-American community, which he felt did not have enough power to defend itself. Many people in our community believed Jaime would reach high levels of government to represent us.

Regresó a Houston y consiguió trabajo en un bufet de abogados. Como abogado, Jaime sabía que iba a ayudar a otros —gente que estaba por perder sus casas, que se había accidentado o que estaba siendo demandada. Ahora podía impactar la vida de la gente directamente. Su trabajo sería especialmente importante para la comunidad méxico-americana, la cual, Jaime pensaba, no contaba con suficiente poder para defenderse. Mucha gente en su comunidad creía que Jaime llegaría a ocupar altos puestos en el gobierno para representarlos.

While attending law school, Jaime drove a 1976 Monte Carlo. It had a dent on one side that he called "the can opener." The car had been handed down to him from our older brother Daniel. My father always told him to drive around the block so that people would not see the dented side, but Jaime was not ashamed of it. After Jaime became a lawyer, he continued to live at home with our parents. His bedroom was a tiny room at the back of the house. All that fit was a twin bed and a chest of drawers. Being 6-foot 3-inches tall, Jaime barely fit on the bed, but he did not mind. His number one goal was to save enough money to buy our parents a new home. Now that he was a lawyer, he was going make that money for them.

Mientras asistía a la escuela de leyes, Jaime manejaba un Monte Carlo 1976. Tenía un golpe en el lado y por eso le puso "El abrelatas". Nuestro hermano mayor Daniel le había regalado el coche. Papi siempre le pedía que manejara el coche alrededor de la cuadra para que la gente no viera el lado golpeado, pero a Jaime no le daba vergüenza. Después de que Jaime se hizo abogado, continuó viviendo con Papi y Mami. Su recámara era un cuartito en la parte trasera de la casa. Sólo cabían una cama de un plazo y una cómoda. Jaime medía 6 pies con 3 pulgadas; apenas cabía en la cama, pero no le molestaba. Su meta principal era ahorrar suficiente dinero para comprarles una casa a Papi y Mami. Ahora que era abogado iba a juntar ese dinero para ellos.

49

One day, Jaime was asked to speak to the fifth grade graduation at Burnet Elementary, the school he had attended. In his speech, Jaime asked the children to dream. He told them to set goals. Most importantly, Jaime asked them to understand that, "Education is the key to all success." Jaime loved children so much, he wanted to do whatever he could to make things better for them and their families. But he thought that improving the life of the community would best be accomplished if students did well in school and returned to their community after college. Together, they would become an army of educated people to solve problems of poverty, health care, education, and discrimination.

Jaime helped set up a program to discourage Hispanic teenagers from dropping out of school. Working so closely with schools and community leaders, Jaime again thought of the importance of politics to help the community advance. He often thought of running for elected office, perhaps for Congress and maybe one day for the United States Senate!

Un día a Jaime le pidieron hacer el discurso de despedida para la graduación de quinto año en Burnet Elementary School, la escuela a la que él asistió. En su discurso, Jaime animó a los niños a que soñaran, a que marcaran sus metas y, sobre todo, les pidió que entendieran que "la educación es la clave del éxito". Jaime quería tanto a los niños que estaba dispuesto a hacer lo que fuera para que las cosas fueran mejores para ellos y sus familias. Pero pensaba que la calidad de vida en la comunidad se mejoraría si muchos de ellos lograban tener éxito en sus estudios y regresaran a su comunidad después de asistir a la universidad. Juntos harían un ejército de gente educada que resolvería problemas de pobreza, salud, educación y discriminación.

Jaime ayudó a establecer un programa para prevenir el abandono de la educación por jóvenes hispanos. Al trabajar tan cerca con las escuelas y con los líderes de la comunidad, Jaime una vez más pensó en la importancia de la política para el desarrollo de la comunidad. Muchas veces pensó en postularse para elecciones a un puesto político ¡tal vez para el congreso y algún día para el senado de los Estados Unidos!

Then came the summer of 1987. Jaime went on a trip to New Braunfels, Texas, with lawyers from his law firm to go tubing down the Guadalupe River. It had rained a lot for days, and the water level of the river was very high. Jaime fell out of his innertube and into the high waters. The accident took his life; Jaime drowned that day.

No one could believe that this talented and loving young man had died. Our family, friends, and the entire community mourned the tragic loss. Jaime's funeral was attended by hundreds of people. They came from throughout the city, the state, and the country. Through his personal accomplishments and love of people, Jaime had set an inspiring example for all, especially the youth in our community.

Llegó el verano de 1987. Jaime hizo un viaje a New Braunfels, Texas con abogados de su firma para flotar en llantas por el Río Guadalupe. Había llovido mucho por varios días, y el río llevaba mucha agua. Jaime se cayó de la llanta a las crecidas aguas del río. El accidente le costó la vida. Jaime se ahogó ese día.

Nadie podía creer que este joven talentoso y cariñoso hubiera fallecido. Nuestra familia, amigos y toda la comunidad lamentaron la tragedia. Cientos de personas acudieron al funeral de Jaime. Vinieron de toda la ciudad, el estado y el país. Por sus logros personales y su cariño a la gente, Jaime dio un ejemplo alentador para todos, especialmente para los jóvenes de su comunidad.

Jaime was admired for his intelligence and willingness to work hard to achieve his goals. His warm personality, witty sense of humor, desire to help others, and his ready smile, touched the lives of many. Jaime was understanding, and kind, and he respected everyone. If you were with him, he made you feel like you were the most important person in the world. Since he always gave everything his best, those around him always wanted to do their best. When he was watching, we wanted to please him. He will forever be remembered with love, affection, and admiration.

A Jaime se le admiraba por su inteligencia y su disponibilidad para trabajar duro para alcanzar sus metas. Su personalidad cálida, su ingenioso sentido de humor, su voluntad para ayudar a otros, y su sonrisa eterna, tocaron la vida de muchos. Jaime era comprensivo, bondadoso, y respetuoso. Si estabas con él, él te hacía sentir como si fueras la persona más importante del mundo. Como siempre daba lo mejor de él, los que estaban a su alrededor siempre hacían lo mismo. Queríamos complacerlo cuando volteaba a vernos. Siempre se le recordará con amor, afecto y admiración.

Jaime's dream was to obtain a first-class education, to become a lawyer and, ultimately, to be an elected government official. Although he became a lawyer, his dream of public service was shattered by his unexpected death. Despite the fact that he was young when he died, the community knew Jaime, believed in his potential, and placed their hope in the leadership he could provide. His dreams of helping the community advance through education and political participation would have to be carried out by others, perhaps by some of those fifth graders he had encouraged.

The importance of Jaime was not unrecognized: His accomplishments and ideals were celebrated and remembered after his death. Many memorials were written in various publications. Fellow students and friends established the Jaime Dávila Memorial Scholarship at the University of Texas School of Law. Many utilized Jaime's dreams as a way to inspire youngsters in our community. Jaime's life could teach them the importance of education. His dreams and successes could become the dreams and successes of other children.

El sueño de Jaime era obtener una educación de primera clase, ser abogado, y finalmente, ser elegido a un puesto gubernamental. Aunque logró ser abogado, su sueño para hacer servicio público se derrumbó con su muerte prematura. A pesar de que sólo tenía veintisiete años cuando murió, la comunidad conocía a Jaime, creía en su capacidad, y había puesto sus esperanzas en su liderazgo. Sus sueños de ayudar a desarrollar su comunidad por medio de la educación y la participación política tendrían que cargarlos otros, tal vez aquellos niños de quinto año a quienes había hablado.

La importancia de Jaime no pasó desapercibida: Sus logros e ideales se celebraron y se recordaron después de su muerte. Se escribieron y se publicaron conmemoraciones en su honor. Sus compañeros y amigos establecieron la beca "Jaime Dávila Memorial" en la facultad de derecho de la Universidad de Texas. Muchos usaron los sueños de Jaime para motivar a los jóvenes de sus comunidades. La vida de Jaime les podía enseñar la importancia de la educación. Sus sueños y sus logros podrían convertirse en los sueños y logros de otros niños.

In 1989, State Representative Martínez and I came up with an idea, we wanted to name a new school in our neighborhood the Jaime Dávila Elementary School. We presented Jaime's story to the school board. In our proposal we also included the sad reality that while the students in Jaime's community represented the future leaders and workers of our city and state, many were dropping out of school.

The students in this area needed new schools and better opportunities. They also needed role models whose example would inspire them. These children needed role models that they could relate to. They had to be a lot like the kids—men and women who came from the same barrio, ate the same foods, and had names like theirs. The role models should be people whose lives showed the rewards of staying in school. We believed that role models may be parents, teachers and community leaders. And we also thought that a role model could be the person their school is named after.

En 1989, el Representante Estatal Martínez, y yo tuvimos una idea. Queríamos que nombraran una escuela nueva en nuestra comunidad la Jaime Dávila Elementary School. Presentamos la historia de Jaime a la junta directiva del distrito. En nuestra propuesta incluimos la triste realidad de que aunque muchos de los jóvenes en la comunidad de Jaime representaban a futuros líderes y trabajadores de nuestra ciudad y estado, muchos estaban dejando la escuela.

Los estudiantes de esta zona necesitaban escuelas nuevas y mejores oportunidades. También necesitaban modelos a seguir cuyos ejemplos les inspiraran. Esos niños necesitaban modelos a seguir con los que tuvieran algo en común, tenían que ser más como ellos —hombres y mujeres del mismo barrio, que comen la misma comida, y tienen nombres como ellos. Los modelos a seguir debían ser personas cuyas vidas demostraban la recompensa de quedarse en la escuela. Creíamos que los modelos a seguir podían ser padres, maestros o líderes en la comunidad. También pensamos que un modelo a seguir podría ser la persona cuyo nombre se diera a la escuela.

That is why the school board and the community named the new school in honor of Jaime Dávila in 1990. The name of this new school would not simply honor Jaime. It would tell its students his story, the story of an individual with whom they could identify. Jaime had been just like any other student there. He had grown up in that same neighborhood. He shared their culture. He had started his education in the same pre-school programs many of them had. He attended the same junior high and high school that they would eventually attend. And most importantly, Jaime had dreams they too should have! Dreams of doing well in school. Dreams of attending college and graduate school to prepare for a successful career. Dreams of helping people. Dreams of progress for his community.

Por eso es que la junta directiva del distrito escolar y la comunidad nombró a la escuela nueva en honor de Jaime Dávila en 1990. El nombre de esta escuela nueva no sólo honraría a Jaime, les contaría a los demás estudiantes su historia, la historia de una persona con quien ellos se podían identificar. Jaime fue como cualquier estudiante allí. Él había crecido en el mismo barrio. Compartía su cultura. Inició su educación en el mismo programa preescolar en el que muchos de ellos participaron. Asistió a la misma secundaria y preparatoria que ellos asistirían. Sobre todo, ¡Jaime tuvo sueños que ellos también debían tener! Sueños de a- sistir a la universidad y a la escuela de postgrado para prepararse para una carrera victoriosa. Sueños de ayudarle a la gente. Sueños de que su comunidad progresara.

Today, the children attending Jaime Dávila Elementary School continue to hear Jaime's story. Jaime is their role model. His life teaches them to set their own goals for a good education. It teaches them to work hard, always to believe in themselves, and to be proud of who they are. Like them, you too can follow Jaime's example by staying in school and working toward your goals.

Now you know who Jaime Dávila was and why a school was named after him. He was a person like you. Each year, Jaime's dreams continue to live in the students of the Jaime Dávila Elementary School. Your school is also named after a person, a role model like Jaime Dávila. You can learn about their life too and let their dreams live through you.

Hoy, los niños que asisten a Jaime Dávila Elementary School continúan escuchando la historia de Jaime. Jaime es su modelo a seguir. Su vida les enseña que deben marcar sus metas para una buena educación. Les enseña a trabajar duro, a que siempre crean en sí mismos, y a que estén orgullosos de quienes son. Como ellos, tú también puedes seguir el ejemplo de Jaime al quedarte en la escuela y a trabajar para alcanzar tus metas.

Ahora ya sabes quién fue Jaime Dávila y por qué se nombró una escuela con su nombre. Él era una persona como tú o yo. Cada año, los sueños de Jaime continúan viviendo en los estudiantes de la escuela Jaime Dávila. Tu escuela también obtuvo su nombre de una persona, un modelo a seguir como Jaime Dávila. Puedes aprender sobre su vida, también, y dejar que sus sueños vivan a través de ti.

Additional Young Adult Titles

Across the Great River
Irene Beltrán Hernández
1989, Trade Paperback
ISBN 0-934770-96-4, $9.95

Call Me Consuelo
Ofelia Dumas Lachtman
1997, Trade Paperback
ISBN 1-55885-187-9, $9.95

Alicia's Treasure
Diane Gonzales Bertrand
1996, Trade Paperback
ISBN 1-55885-086-4, $7.95

Ankiza
A Roosevelt High School Series Book
Gloria Velásquez
2000, Clothbound
ISBN 1-55885-308-1, $16.95
Trade Paperback
ISBN 1-55885-309-X, $9.95

¡Aplauso! Hispanic Children's
Theater
Edited by Joe Rosenberg
1995, Trade Paperback
ISBN 1-55885-127-5, $12.95

Bailando en silencio: Escenas de una
niñez puertorriqueña
Judith Ortiz Cofer, Translated by
Elena Olazagasti-Segovia
1997 Trade Paperback
ISBN 1-55885-205-0, $12.95

Border Crossing
Maria Colleen Cruz
2003, Trade Paperback
ISBN 1-55885-405-3, $9.95

Close to the Heart
Diane Gonzales Bertrand
2002, Trade Paperback
ISBN 1-55885-319-7, $9.95

Creepy Creatures and Other Cucuys
Xavier Garza
2004, Trade Paperback
ISBN 1-55885-410-X, $9.95

Dionicio Morales: A Life in
Two Cultures
Dionicio Morales
1997, Trade Paperback
ISBN 1-55885-219-0, $9.95

Emilio
Julia Mercedes Castilla
1999, Trade Paperback
ISBN 1-55885-271-9, $9.95

Firefly Summer
Pura Belpré
1997, Trade Paperback
ISBN 1-55885-180-1, $9.95

Fitting In
Amlú Bernardo
1996, Trade Paperback
ISBN 1-55885-173-9, $9.95

From Amigos to Friends
Pelayo "Pete" Garcia
1997, Trade Paperback
ISBN 1-55885-207-7, $7.95

The Ghostly Rider and Other
Chilling Stories
Hernán Moreno-Hinojosa
2003, Trade Paperback
ISBN 1-55885-400-2, $9.95

A Good Place for Maggie
Ofelia Dumas Lachtman
2002, Trade Paperback
ISBN 1-55885-372-3, $9.95

The Girl from Playa Blanca
Ofelia Dumas Lachtman
1995, Trade Paperback
ISBN 1-55885-149-6, $9.95

Heartbeat Drumbeat
Irene Beltrán Hernández
1992, Trade Paperback,
ISBN 1-55885-052-X, $9.50

Hispanic, Female and Young:
An Anthology
Edited by Phyllis Tashlik
1994, Trade Paperback
ISBN 1-55885-080-5, $14.95

The Ice Dove and Other Stories
Diane de Anda
1997, Trade Paperback
ISBN 1-55885-189-5, $7.95

The Immortal Rooster and
Other Stories
Diane de Anda
1999, Trade Paperback
ISBN 1-55885-278-6, $9.95

In Nueva York
Nicholasa Mohr
1993, Trade Paperback
ISBN 0-934770-78-6, $10.95

Juanita Fights the School Board
A Roosevelt High School Series Book
Gloria Velásquez
1994, Trade Paperback
ISBN 1-55885-115-1, $9.95

Julian Nava: My Mexican-
American Journey
Julian Nava
2002, Clothbound
ISBN 1-55885-364-2, $16.95

Jumping Off to Freedom
Anilú Bernardo
1996, Trade Paperback
ISBN 1-55885-088-0, $9.95

Lessons of the Game
Diane Gonzales Bertrand
1998, Trade Paperback
ISBN 1-55885-245-X, $9.95

Leticia's Secret
Ofelia Dumas Lachtman
1997, Trade Paperback
ISBN 1-55885-209-3, $7.95
Clothbound, ISBN 1-55885-208-5,
$14.95

Lorenzo's Revolutionary Quest
Rick and Lila Guzmán
2003, Trade Paperback
ISBN 1-55885-392-8, $9.95

Lorenzo's Secret Mission
Rick and Lila Guzmán
2001, Trade Paperback
ISBN 1-55885-341-3, $9.95

Loves Me, Loves Me Not
Anilú Bernardo
1998, Trade Paperback
ISBN 1-55885-259-X, $9.95

Maya's Divided World
A Roosevelt High School Series Book
Gloria Velásquez
1995, Trade Paperback
ISBN 1-55885-131-3, $9.95

Mexican Ghost Tales of the
Southwest
Alfred Avila, edited by Kat Avila
1994, Trade Paperback
ISBN 1-55885-107-0, $9.95

My Own True Name
New and Selected Poems for
Young Adults, 1984-1999
Pat Mora, Drawings by Anthony
Accardo
2000, Trade Paperback
ISBN 1-55885-292-1, $11.95

Nilda
Nicholasa Mohr
1986, Trade Paperback
ISBN 0-934770-61-1, $11.95

Orange Candy Slices and
Other Secret Tales
Viola Canales
2001, Trade Paperback
ISBN 1-55885-332-4, $9.95

The Orlando Cepeda Story
Bruce Markusen
2001, Clothbound
ISBN 1-55885-333-2, $16.95

Pillars of Gold and Silver
Beatriz de la Garza
1997, Trade Paperback
ISBN 1-55885-206-9, $9.95

Riding Low on the Streets of Gold:
Latino Literature for Young Adults
Edited by Judith Ortiz Cofer
2003, Trade Paperback
ISBN 1-55885-380-4, $14.95

Rina's Family Secret
A Roosevelt High School Series Book
Gloria Velásquez
1998, Trade Paperback
ISBN 1-55885-233-6,$9.95

Roll Over, Big Toben
Victor Sandoval
2003, Trade Paperback
ISBN 1-55885-401-0, $9.95

The Secret of Two Brothers
Irene Beltrán Hernández
1995, Trade Paperback
ISBN 1-55885-142-9, $9.95

Silent Dancing: A Partial
Remembrance of a Puerto
Rican Childhood
Judith Ortiz Cofer
1991, Trade Paperback
ISBN 1-55885-015-5,92.95

Spirits of the High Mesa
Floyd Martínez
1997, Trade Paperback
ISBN 1-55885-198-4, $9.95

The Summer of El Pintor
Ofelia Dumas Lachtman
2001, Trade Paperback
ISBN 1-55885-327-8, $9.95

Sweet Fifteen
Diane Gonzales Bertrand
1995, Trade Paperback
ISBN 1-55885-133-X, $9.95

The Tall Mexican:
The Life of Hank Aguirre, All-
Star Pitcher, Businessman,
Humanitarian
Bob Copley
1998, Trade Paperback
ISBN 1-55885-294-8,$9.95

Teen Angel
A Roosevelt High School Series Book
Gloria Velásquez
2003, Trade Paperback
ISBN 1-55885-391-X, $9.95

Tommy Stands Alone
A Roosevelt High School Series Book
Gloria Velásquez
1995, Clothbound
ISBN 1-55885-146-1, $14.95
Trade Paperback
ISBN 1-55885-147-X, $9.95

Trino's Choice
Diane Gonzales Bertrand
1999, Trade Paperback
ISBN 1-55885-268-9, $9.95

Trino's Time
Diane Gonzales Bertrand
2001, Clothbound
ISBN 1-55885-316-2, $14.95
Trade Paperback
ISBN 1-55885-317-0, $9.95

Versos sencillos/ Simple Verses
José Martí, Translated by Manuel A.
Tellechea
1997, Trade Paperback
ISBN 1-55885-204-2, $12.95,

Viaje a la tierra del abuelo
Mario Bencastro
2004, Trade Paperback
ISBN 1-55885-404-5, $9.95

Walking Stars
Victor Villaseñor
2003, Trade Paperback
ISBN 1-55885-394-4,$10.95

White Bread Competition
Jo Ann Yolanda Hernandez
1997, Trade Paperback
ISBN 1-55885-210-7, $9.95

The Year of Our Revolution
Judith Ortiz Cofer
1998, Trade Paperback
ISBN 1-55885-224-7, $16.95